Autossolução

Editora Appris Ltda.
1.ª Edição - Copyright© 2020 do autor
Direitos de Edição Reservados à Editora Appris Ltda.

Nenhuma parte desta obra poderá ser utilizada indevidamente, sem estar de acordo com a Lei nº 9.610/98. Se incorreções forem encontradas, serão de exclusiva responsabilidade de seus organizadores. Foi realizado o Depósito Legal na Fundação Biblioteca Nacional, de acordo com as Leis nos 10.994, de 14/12/2004, e 12.192, de 14/01/2010.

Catalogação na Fonte
Elaborado por: Josefina A. S. Guedes
Bibliotecária CRB 9/870

R813a
2020
	Rosenburg, Monica Zen
	    Autossolução / Monica Zen Rosenburg. - 1. ed. – Curitiba : Appris, 2020.
	    81 p. ; 21 cm. – (Literatura).
	
	    Inclui bibliografias
	    ISBN 978-65-5523-996-6
	
	    1. Ficção brasileira. 2. Autoestima. 3. Autoconfiança.
	4. Autorrealização – Aspectos religiosos. I. Título. II. Série.
	
	                                                    CDD – 869.3

Appris
editora

Editora e Livraria Appris Ltda.
Av. Manoel Ribas, 2265 – Mercês
Curitiba/PR – CEP: 80810-002
Tel. (41) 3156 - 4731
www.editoraappris.com.br

Printed in Brazil
Impresso no Brasil

Monica Zen Rosenburg

Autossolução

FICHA TÉCNICA

EDITORIAL	Augusto V. de A. Coelho
	Marli Caetano
	Sara C. de Andrade Coelho
COMITÊ EDITORIAL	Andréa Barbosa Gouveia (UFPR)
	Jacques de Lima Ferreira (UP)
	Marilda Aparecida Behrens (PUCPR)
	Ana El Achkar (UNIVERSO/RJ)
	Conrado Moreira Mendes (PUC-MG)
	Eliete Correia dos Santos (UEPB)
	Fabiano Santos (UERJ/IESP)
	Francinete Fernandes de Sousa (UEPB)
	Francisco Carlos Duarte (PUCPR)
	Francisco de Assis (Fiam-Faam, SP, Brasil)
	Juliana Reichert Assunção Tonelli (UEL)
	Maria Aparecida Barbosa (USP)
	Maria Helena Zamora (PUC-Rio)
	Maria Margarida de Andrade (Umack)
	Roque Ismael da Costa Güllich (UFFS)
	Toni Reis (UFPR)
	Valdomiro de Oliveira (UFPR)
	Valério Brusamolin (IFPR)
ASSESSORIA EDITORIAL	Lucas Casarini
REVISÃO	Andrea Bassoto Gatto.
PRODUÇÃO EDITORIAL	Jaqueline Matta
DIAGRAMAÇÃO	Daniela Baumguertner
CAPA	Daniela Baumguertner
ILUSTRAÇÕES	Lucielli Trevizan
COMUNICAÇÃO	Carlos Eduardo Pereira
	Débora Nazário
	Kananda Ferreira
	Karla Pipolo Olegário
LIVRARIAS E EVENTOS	Estevão Misael
GERÊNCIA DE FINANÇAS	Selma Maria Fernandes do Valle
COORDENADORA COMERCIAL	Silvana Vicente

AGRADECIMENTOS

Agradeço a todas as dificuldades que encontrei na vida, à minha disciplina e ao meu espírito pesquisador inabalável.

Agradeço também à desenhista Lucielli Trevizan, que tornou possíveis as imagens deste manual.

Prefácio

Em uma sociedade em que a busca pela felicidade é quase uma constante, porque os índices de descontentamento e insatisfação ainda permaneceriam altos? Se pudéssemos comparar nossos cérebros a computadores, quais seriam os programas que repetidamente são executados e que nem nos damos conta? Nesse contexto, o presente manual nos leva a questionar nossas ações e resultados, e o que nos foi ensinado como verdades absolutas.

O manual se divide em capítulos, nos quais são abordadas as principais questões que afetam o nosso desempenho nos diferentes aspectos da vida (influência da nossa mente e percepções; funcionamento das leis de autoestima e perdão; sintomas e causa raiz da desarmonia; vigilância dos pensamentos). São apresentados exercícios e práticas simples, que auxiliam na liberação de bloqueios e padrões negativos repetitivos em nossa vida. São relatados casos reais e os resultados obtidos com o auxílio dos exercícios descritos.

Como antigos desbravadores em busca de tesouros escondidos, embarquemos nessa viagem sabendo que possuímos dentro de nós todos os recursos necessários. E que com este manual, possamos entender melhor o mapa do tesouro para alcançarmos nossa verdadeira paz, satisfação pessoal e felicidade.

Clarice Trevisani — Engenheira de Produção
Rio de Janeiro, Brasil
Setembro de 2019

SUMÁRIO

INTRODUÇÃO 11

1
A FÓRMULA 13

2
PENSAMENTO É IMAGEM 21

3
EU ME AMO 25

4
O QUE É PERDÃO? 27

5
A VIGILÂNCIA 29

6
CHACRAS SÃO PORTAS 35

7
MEXA-SE 45

8
VOCÊ É SUFICIENTE 47

9
EXERCÍCIOS MENTAIS 57

CONCLUSÃO 67

APÊNDICE 69

Introdução

Foi pensando numa maneira de divulgar de uma forma mais ampla e de desmistificar de modo prático o conhecimento sobre nós mesmos, uma semente divina que contém todas as informações dessa bela árvore chamada Universo, que pensei e comecei a escrever um manual de exercícios simples, que qualquer ser humano, de qualquer raça ou língua, poderá se utilizar e encontrar o caminho da verdade sobre como manifestar uma vida satisfatória e tranquila.

Buscando a verdade e a luz, o que Jesus Cristo queria mostrar, é que eu, uma pessoa comum, com família, trabalho e todas as dificuldades que encontramos no nosso dia a dia, decidi dar um basta no sofrimento e questionar tudo que haviam me ensinado, ou seja, toda a linguagem do meu programa.

Hoje, posso dizer com total certeza que todo ato de ousadia positiva é muito bem recompensado pelo Universo.

No entanto este manual não se propõe, absolutamente, a ser o que, na nomenclatura atual, passou-se a chamar de "autoajuda", indicado no auxílio a leitores que estejam passando por alguma crise em suas vidas. Na verdade este manual tem como objetivo único mostrar a você, leitor, que por mais incrível que possa parecer — e dando uma visão que vai contra todas as ideias vigentes na sociedade —, é absolutamente possível alcançar-se o caminho da satisfação pessoal em todos os níveis.

Mais do que achar a saída para alguma dificuldade ou problema específico, o leitor atento encontrará a chave para a solução de todas as limitações e sofrimentos.

Agora, se você, leitor, que está sentado em sua sala, lendo este manual, insatisfeito com sua vida familiar ou com sua vida financeira ou, ainda, com um problema de saúde, achar que deve ser muito difícil sair dessa situação porque se sente uma mera vítima, um coitadinho, tão bonzinho com as pessoas e tão incompreendido por todos, pode parar agora a leitura!

É absolutamente necessária uma atitude de responsabilidade e ousadia que quebrem as correntes das circunstâncias. Como poderia uma pessoa insatisfeita com seu trabalho, não gostando do que realiza profissionalmente, mas presa e aferrada ao seu emprego, encontrar o sucesso e a tranquilidade em toda e qualquer área de sua vida?

Nós não somos seres formados por diferentes áreas sem comunicação entre si. Uma pessoa insatisfeita com uma área de sua vida vai, fatalmente, espalhar, inconscientemente, essa insatisfação para todas as áreas restantes. É apenas uma questão de tempo...

Aqui, você vai encontrar técnicas fáceis e diárias que, unidas à compreensão das energias que nos constituem, farão uma revolução construtiva em sua vida. Lembre-se do que Jesus Cristo mesmo ensinou: *"Procure o Reino dos céus e sua justiça, que tudo mais lhe será dado por acréscimo"*. E veja bem que Jesus não disse que uma área de sua vida será solucionada, porém, tudo lhe será dado por acréscimo. Essa é a pura verdade!

Boa Viagem...

1

A Fórmula

Desde muito cedo eu sabia, de alguma forma, que existia uma fórmula para ser feliz e dominar a vida para sempre. Fui educada numa família católica, estudei em colégios católicos e até numa universidade católica, em que precisávamos dos créditos de religião para nos formar.

Comecei a seguir o modelo católico misturado com o da menina boazinha e ficava cheia de culpa quando percebia que eu era muito diferente desses modelos. Todas as vezes que começava a rezar o terço, ir à missa, fazer caridades, ficar com pena de meus irmãos de fé pelas injustiças sofridas na Terra... Bum! Estourava uma bomba em cima da minha cabeça, algo de horroroso acontecia comigo. Basta dizer que desde minha tenra idade as dificuldades começaram a aparecer, grosso modo: nasci cega do olho direito; fui rejeitada por minha mãe por ser menina; o meu pai, que eu adorava, separou-se da minha mãe e foi morar em outro estado, quando eu tinha seis anos; vivia sobre pressão constante de ter que ser a melhor de todas, comparada sempre com as filhas das namoradas de meu pai.

Na adolescência, para me sentir aceita por meus amigos, fumava maconha quase que diariamente; aos vinte anos conheci meu marido, que era totalmente prepotente e grosseiro. Resolvemos abrir uma firma e fomos crescendo, apesar de todos os contratempos que aconteciam: assaltos, roubos, inundações, etc. Quando já tinha condições financeiras de ter um filho, engravidei. A criança faleceu aos sete meses de gestação e eu fiz o pior parto que uma mulher pode fazer, por indução, com a criança morta. Perguntei ao Deus que me ensinaram: "Por que tanto castigo?". Continuei a vida e dois anos depois engravidei novamente. Nasceu uma linda menina. Fiquei muito feliz e achei que havia descoberto a fórmula. Ledo engano! Quando a minha filha completou três anos, descobriu-se que era portadora de uma síndrome que ataca algumas pessoas de ascendência italiana e que eu jamais tinha ouvido falar, e que nenhum médico se preocupou em fazer exames pré-natais, mesmo sabendo que meu marido era filho de italiano. Depois de exames minuciosos, os médicos me afirmaram que era o pior caso da síndrome e que ela poderia não viver. Aí, o mundo despencou em minha cabeça. O que tinha acontecido com todas aquelas orações que eu havia rezado diariamente, desde o instante que soube da gravidez até aquele momento?

De uma coisa eu tinha certeza: no passado, foi através de repetições programadas positivamente nas minhas empresas que eu consegui manter o sucesso. Matriculei-me num curso sobre a mente humana. Passei dois anos estudando e fazendo de mim mesma uma cobaia. Finalmente, aos 40 anos de idade, posso dizer que encontrei a fórmula. A primeira coisa que posso dizer é que o caminho da paz e da felicidade é feito por nós mesmos, e para o interior do ser e não, como nos foi ensinado em praticamente todas as religiões, com altares e cultos externos. A SAÍDA É PARA DENTRO!

Você vai me perguntar: "Como posso caminhar para dentro se preciso morar, comer, vestir, estudar, e tudo isso está fora de mim?". Eu respondo: "Tudo de que você necessita na terceira dimensão, ou seja, na matéria, é pura manifestação, ou consequência, da materialização de seu pensamento e, principalmente, de seu pensamento repetido (seu foco)".

Por exemplo, se você precisa de casa, você terá a casa que você acha que é capaz de ter, nem mais nem menos, pois o programa é a imagem que você faz repetidamente da sua casa. Se você se acha capaz de morar num palácio, materializará um palácio. Porém, se você acha que a situação financeira só lhe permite um barraco, receberá seu barraco.

Muitos já nos disseram isso, porém se esqueceram de dizer que se você imagina um palácio (pensamento) e numa conversa com amigos expressa a dificuldade financeira (sentimento), acaba limitando seu palácio e forma a imagem da limitação, destruindo, assim, o seu palácio. Para ver o sucesso materializado é preciso repetir que está tudo ótimo e maravilhoso, vinte e quatro horas por dia [ou até trinta horas, como o Unibanco!]. Mesmo que não seja isso que você esteja "vendo" em determinado momento. Assim, o processo de criação se manifesta em sua vida diária, quando você pensa e sente a mesma coisa.

PENSAMENTO + SENTIMENTO = CRIAÇÃO

Essa fórmula se manifesta em sua vida automaticamente, sendo que o pensamento tem "peso" 1 e o sentimento tem "peso" 2, então, temos essa fórmula da seguinte maneira:

1/3 Pensamento + 2/3 Sentimento = 3/3 Criação

A segunda chave da fórmula é a calma. Aí, você me pergunta: como posso ser calmo, levando uma vida de horário apertado para tudo e uma concorrência cada vez maior no mercado de trabalho? Eu respondo: é simples, basta observar que as grandes descobertas da humanidade foram feitas em momentos de calma dos descobridores. Por exemplo: todos sempre viram os frutos das árvores caírem no chão, porém, foi Newton, que, num momento de descanso, observou que havia uma força que puxava a maçã para o chão. Todos sabem que o Universo é perfeito, que as leis que o regem são perfeitas, então, devemos observá-las com calma para que possamos nos unir à Intuição [comunicação interna].

É provado cientificamente que existem várias frequências mentais, das mais agitadas, como as das pessoas ansiosas, até as mais baixas, como as dos yogues. E nós só podemos nos comunicar com o interno quando a frequência mental é baixa, o que chamamos de alfa. Nesse momento, conectamo-nos com o nosso átomo-semente, também chamado Deus, Eu Sou, Alah, Jeová, Zeus, Oxalá etc.

A terceira chave da fórmula é viver dentro das leis do Universo, que foram descritas por Jesus Cristo e estão na Bíblia, e que depois de tantas interpretações dos homens, ficaram quase ocultas para a sociedade contemporânea. O que Jesus quis dizer com: *"O homem é a imagem e semelhança de Deus"*? Já que Deus não é homem e nem mulher, a imagem

AUTOSSOLUÇÃO

e semelhança só pode estar no pensamento criativo, ou seja, a **imaginação**, portanto, de tudo que você pensa e sente como verdade, você cria uma imagem como um Deus.

A essa imagem criada chamaremos de criação mental [tanto faz se é de sucesso ou de medo]. Toda vez que você pensa novamente na mesma imagem, ela aumenta de tamanho, alimentando-se e crescendo, até um ponto em que ela será como um bebê gerado no ventre materno e ficará com "fome", reclamando por comida e atraindo situações que formem o pensamento idêntico à criação mental, para que ela se alimente. Por exemplo: uma criança nasceu em uma família com grandes recursos financeiros e tudo que ela imagina comprar, logo lhe é dado dinheiro para satisfazer seu desejo. A criação mental dessa criança se alimenta toda vez que ela compra o que quer. Portanto, por toda a vida, encontrará trabalhos ou heranças com fartura financeira, e conseguirá sempre, o dinheiro que deseja. Por isso que dizemos "dinheiro atrai dinheiro". É a criação mental que faz esse processo.

O mesmo acontece com uma criança que viu ou sofreu um assalto. A sua imaginação cria uma situação de assalto que, para se alimentar, faz com que essa pessoa seja sempre assaltada, ou veja filmes de assalto, ou, ainda, que todos contem a ela quando forem assaltados. É impressionante como no meio de uma cidade com milhões de habitantes, esse nosso conhecido sempre consegue ser assaltado!

Por isso, a grande necessidade de repetições mentais de sucesso para que as nossas criações mentais se alimentem apenas de sucessos, como nós nos alimentamos de comidas gostosas. Uma ótima frase para se repetir é: "Eu sou a presença da felicidade", porque você estará alimentando uma criação mental de felicidade. Faça o teste. Continue repetindo em qualquer situação positiva ou negativa, durante meses.

O quarto passo é descobrir a imagem que você tem de seu pai. Essa imagem não é física e, sim, sentimental, resultante da sua relação com ele. Se você sentiu um pai amoroso e provedor, você pode usar essa imagem no exercício. Se sentiu dificuldade de se relacionar com ele, precisa criar uma nova relação, que seja de afeto e proteção da parte dele. Você pode me perguntar: e se eu não tiver nenhuma imagem porque não conheci o meu pai? Eu respondo que mesmo que tenham lhe ensinado que você não teve pai, você nasceu da união do espermatozoide (pai) com o óvulo (mãe), então, você tem a energia do pai, mesmo que você tenha retirado essa informação do seu dia a dia na terceira dimensão. Você já deve saber que a sua forma física, ou seja, a sua definição em relação aos seus órgãos genitais, é dada pelos 23 cromossomos do pai. Pode parecer estranho, mas a energia sexual e espiritual são a mesma e está contida nos cromossomos. Quando nos ligamos ao pai (que foi quem nos doou os cromossomos), comunicamo-nos com a energia espiritual.

2

PENSAMENTO É IMAGEM

Hoje em dia, quem está procurando Deus nas religiões encontra-se totalmente perdido no meio de grandes injustiças que nos são mostradas a todo o momento. Basta você olhar para seus vizinhos que poderá observar pessoas com bom caráter, integradas ou não em alguma religião, ou com alguma formação religiosa, ou, ainda, praticantes da caridade, para perceber que suas vidas são um grande desastre, enquanto que outros vizinhos, prepotentes, "metidos a espertos", por vezes "trambiqueiros", ou simplesmente ladrões de colarinho branco, conseguem levar uma vida bem melhor que a dos outros. Tem que haver alguma informação errada no que as religiões pregam, não acha? Se os religiosos nos ensinam que Deus é bom e Pai, como pode maltratar justamente aqueles que se sacrificam horas rezando ou indo aos demorados cultos dominicais? E permitir que outras pessoas, os chamados "filhos desgarrados", levem uma vida de fartura e sucesso?

Depois de muito tempo convivendo com várias religiões cristãs, ou não, em busca de uma resposta com algum bom senso, cheguei à conclusão de que não há absolutamente injustiça alguma no Universo. O que acontece é que aquelas pessoas que seguem um padrão religioso, achando que Deus está fora delas, pois rezam e fazem oferendas para imagens e altares fora delas, estão criando a imagem de que são menores do que Deus, portanto, menosprezando o seu átomo-semente-Deus (pai), que fica ignorado e, claro, apenas latente e sem qualquer força.

Em contrapartida, aqueles filhos desgarrados, que nem querem saber sobre Deus ou castigo, carma etc., mas têm como objetivo fazer, a qualquer preço, com que suas vidas sejam abastadas, mesmo sem consciência do processo, detonam uma atividade positiva de seu átomo-semente-Deus (pai), que, através da imagem da prosperidade e sucesso, vai alimentando sua autoestima e confiança. A grande maioria nem sabe como conseguiu, acha que foi mais esperta do que os outros ou que nasceu com sorte.

É claro que eu não estou defendendo essas pessoas sem padrões morais. O que quero mostrar é que há apenas ignorância em relação a Deus e que não adianta procurar fora de si mesmo, ou no céu, pois Deus, na verdade, está dentro de cada um, como um átomo-semente (pai), que é capaz de criar qualquer situação. Cabe a você criar a imagem que lhe satisfaz e ser feliz, alimentando-a com pensamentos e sentimentos idênticos a ela.

A mente é o campo vibracional que usa o cérebro como uma impressora para realizar o pensamento-sentimento do indivíduo, seja ele na limitação, no abandono, na insegurança ou na saúde, na abundância, no amor e na felicidade! Como todo pensamento conduz a um sentimento, é muito relaxante saber que posso dar "palpite" na minha vida!

Algum dia você já analisou, apenas a título de curiosidade, alguma oração que é constantemente repetida nas igrejas? Com exceção do Pai Nosso, todas as outras são verdadeiros discursos contra nossa natureza divina. Então, diga-me uma coisa: depois de repetir várias vezes que você não é merecedor, que é pecador, que é um degredado filho de Eva, você vai querer que a imagem de si mesmo seja de sucesso e se alimente de felicidade?

A mente é a vibração do que o cérebro está emitindo. A mente é o cérebro em ação!

Então, pensando ou falando, controlamos a vibração emitida. A vibração emitida vai definir a situação que atrairá.

Lembre-se sempre que o que você pensa para o cérebro é VERDADE. Pensar sobre o que é percebido através dos sentidos físicos é fácil... Pensar sobre o que se quer realizar também é fácil quando se aprende a linguagem da vibração.

Se você fala português e vai morar na Alemanha, precisa aprender a língua local para se comunicar corretamente, não é verdade? Da mesma forma, para se comunicar com a sua mente (vibração), você precisa aprender a linguagem da vibração para realizar o *"Eu e o Pai somos um"* (João,10,30).

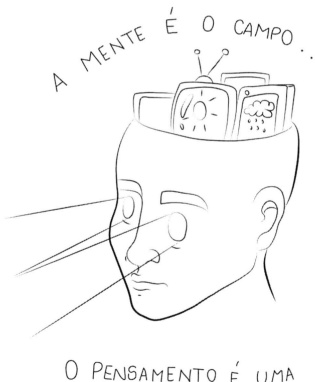

Recebi pela internet um e-mail contando uma história bastante interessante e que mostrava realmente que "está na mão da gente ser feliz". A história contava que havia sido anunciado um grande temporal e um maremoto numa ilha bastante distante do continente, e para que as pessoas e os animais daquela ilha fossem salvos, pescadores do continente deveriam levar seus barcos até o local e recolher as pessoas e animais, precisando, para isso, fazer várias viagens até que esvaziassem toda a ilha. Porém o padre da igreja local pregava aos fiéis que eles não deveriam abandonar a ilha porque Deus tinha prometido salvá-los. Os fiéis dessa igreja, realmente, foram os últimos a entrar nos barcos. Já havia começado a chover e os barqueiros ainda continuavam a chamar o padre, mas ele não arredou o pé da ilha. O maremoto realmente destruiu a ilha e o padre morreu sozinho.

Chegando ao céu foi imediatamente perguntar a Deus porque não tinha sido salvo se dedicara sua vida inteira à pregação de Suas palavras e à fé em Seus milagres. Deus respondeu: "Mas eu mandei os pescadores inúmeras vezes para buscá-lo e você decidiu ficar na ilha!".

Nós temos a liberdade de pensar o que quisermos!

3

Eu me amo

A primeira lei que devemos cumprir é a da autoestima. Tantas vezes já nos foi ensinada essa lei e a maioria de nós não tem a menor ideia do que isso quer dizer. Em primeiro lugar, vamos definir claramente o que é amor, pois sempre pensamos que o amor é uma energia quente, que nos deixa cegos de paixão e nos faz ter posse do objeto amado. Achamos também que necessitamos de uma alma gêmea para nos completar e nos dar valor. Tudo balela! Engano puro.

O amor é uma energia simples e fria, é o átomo-Deus (pai). O amor flui naturalmente, principalmente quando olhamos uma planta e percebemos a beleza de suas flores, ou quando olhamos uma criança que nem conhecemos e sorrimos para ela. É uma energia clara, fria e sábia.

O primeiro mandamento da lei de Deus é: *"Amar a Deus sobre todas as coisas"* (Mateus 22,36), isso quer dizer: "Amai seu átomo-semente-Deus (pai) sobre todas as coisas e reconheça que você é Deus criador de imagens e que está fazendo o caminho de volta ao todo, com a consciência da correção da 'estrada'".

Quem se ama, respeita-se, sabe que pode solucionar qualquer situação, portanto, fecha a porta à invasão de privacidade. Quem se ama é independente, valoriza-se. Quem se ama, basta-se, vive em sociedade, porém, conta consigo mesmo, pois *"eu só com Deus sou maioria"*. Quem se ama reconhece seus erros e se corrige. Todos os dias é um novo dia para se evoluir. Quem se ama não se apega, pois sabe que faz parte do todo. Quem se ama está sempre bem, em paz consigo mesmo e com os outros. Quem se ama trabalha no que gosta, em que tem talento, e por mais que pareça absurdo, seu talento estará unido à criatividade e materializará sucesso e riquezas materiais. Quem se ama passa confiança e sabe se impor. Quem se ama é boa companhia e atrai cada vez mais outras pessoas átomos-sementes (pai).

Permita-se a se amar já! Você é um Deus, quer você queira ou não. *"O Pai ama o Filho, e todas as coisas entregou nas suas mãos"* (João,3,35), quer você saiba disso ou não. Os povos das tribos antigas não conheciam a lei da gravidade, não é? Nem por isso, quando se levantavam, ao acordar, eles saíam voando. Portanto a lei funciona, independentemente de seu conhecimento. Cabe a você conhecê-la! É importante perceber que o despertar depende de você.

Todos os dias, fique em frente ao espelho e diga a você mesmo: "Eu amo você. Você é um Deus poderoso e positivo. Você é infinitamente importante para mim. Você é saudável. Você é rico/a. Você é maravilhoso/a".

Quando a pessoa ama a si mesma, não está mais à mercê das forças escuras da ignorância, maiores do que ela própria, porque se torna a força poderosa de luz. Decida-se a ser feliz. Felicidade é uma questão pessoal.

4

O QUE É PERDÃO?

A segunda lei sempre nos foi ensinada como sendo a do perdão, porém, quem realmente sabe perdoar? Nós apenas esquecemos o fato ou a situação em nosso dia a dia, mas basta que alguém fale alguma coisa parecida para que a lembrança esquecida volte com toda a força e com toda a emoção negativa. Só há uma forma de realmente perdoarmos a nós mesmos e aos outros: é compreendendo, racionalmente, que naquele momento do acontecido, nós e os outros éramos mais ignorantes e achávamos que estávamos tomando o caminho certo. A partir dessa compreensão, nós nos vemos e aos outros, como crianças aprendendo a viver e ficamos livres da situação, pois hoje já nos corrigimos e temos uma visão mais evoluída do fato. Assim, você se liberta do passado e da perda na matéria. Como os adolescentes de hoje falam (com muita sabedoria): não estou nem aí!

Uma característica dessa lei é que ela é de mão única, ou seja, o que você fizer hoje, aqui, só retornará a você após percorrer todo o Universo e lhe será entregue por outros personagens. Jesus disse: "*Você, quando der alguma coisa aos pobres, não deixe nem que a sua mão esquerda fique sabendo o que a sua mão direita fez. Assim, a sua esmola ficará em segredo e o seu Pai, que vê tudo o que é feito, lhe dará a recompensa*" (Mateus 6,18). Era isso que ele queria dizer. Faça, querendo fazer, e vire-se de costas, pois quando você precisar, ser-lhe-á dado na mesma medida, mas de uma forma que você estará precisando. Por exemplo, se alguém lhe pedir um copo d'água e você quiser dar, dê e siga em frente, porque quando você estiver com fome, alguém lhe dará um prato de comida, e dificilmente será aquele a quem você deu a água.

Nós estamos todos unidos pelo circuito eletrônico do Universo e o que acontece a você fica gravado em todos os átomos-sementes-Deus (pai). Portanto use a simplicidade dessa lei em todos os momentos de sua vida, mesmo que você se encontre numa situação de grande emoção negativa. Pare! Imagine que essa situação é brincadeira de criança. Pense na solução como um Deus (pai). Pratique a solução com calma, feliz e sereno.

5

A VIGILÂNCIA

A terceira lei que devemos praticar é o policiamento dos pensamentos, palavras, atos e emoções. Como o próprio Jesus nos disse: *"Orai e vigiai"*. Vigie todos os seus pensamentos e sentimentos, os que entram e os que saem de sua mente. Como o nome diz, coloque um policial na porta de seu coração, porque se você não o controlar racionalmente, analisando tudo o que está pensando ou sentindo, entrará por essa porta um mundo de pensamentos e emoções estranhos a você, vindos do inconsciente coletivo.

Podemos exemplificar essa situação como se a sua mente fosse um copo vazio, no qual você colocaria limonada usando um coador [polícia], ficando presos, no coador, os gomos mais pesados do limão. Se você retirar o coador, o líquido ficará cheio de gomos e caroços.

Precisamos, também, ser constantes observadores de nossas palavras, porque através do que dizemos, podemos conhecer o programa negativo gravado em nossa mente subconsciente e que, muitas vezes, é contrário ao que realmente somos. Porém, de tanto ouvir dos outros, durante a nossa vida, vindo de autoridades ou pessoas que nos são queridas, acabamos repetindo e moldando o nosso subconsciente da mesma forma.

Um bom exemplo disso é aquela pessoa que sempre sonhou ser pintor, ou escultor, ou músico, e passou a vida inteira ouvindo que essas profissões são bastante complicadas em relação ao retorno financeiro e que, quando termina o segundo grau, acaba prestando vestibular para Administração, pois terá um campo maior para trabalhar e crescer financeiramente. Que grande engano! Apesar de os seres humanos terem mais de um talento, como nos mostra nosso mapa astral [Sol, Lua e Ascendente], é praticamente impossível que uma laranjeira se torne um belo e frondoso cajueiro! Se você percebe que seu talento está em produzir laranja, jamais permita que nada ou ninguém o transforme num cajueiro, pois você nunca será um belo pé de caju e poderá vir a ser a mais bela laranjeira!

Na verdade, por meio do policiamento, nós obtemos o domínio da vida, porque quando detectamos uma criação mental negativa podemos colocá-la no "Vigilantes do Peso", obstruindo a passagem de pensamentos negativos e alimentando criações positivas com repetições positivas.

Um assunto muito importante, que deve ser esclarecido, é o medo. Essa palavrinha de quatro letras, que faz um estrago enorme na vida do ser humano. Como vimos falando desde o início, quando você pensa e sente, você cria uma situação que vai se manifestar em sua vida, mesmo que demore anos. Quando você vê, ouve ou percebe uma situação que lhe causa medo, automaticamente, você forma essa imagem, que fica impressa no seu subconsciente, portanto, você formou uma criação mental de medo, que vai pedir "alimento", e logo trará para você, diversas vezes, a mesma situação, para que você pense e sinta o mesmo medo original, fazendo com que a criação se alimente desses pensamentos. É por isso que o dito popular reforça: "Tudo que você teme, acontece com você".

Para o seu subconsciente, a imagem de medo quer dizer: desejo de ter, porque o subconsciente não seleciona imagens, nem tem senso de humor, apenas imprime; é como uma impressora: ela não seleciona a impressão, imprime o que você selecionou para ser impresso.

AUTOSSOLUÇÃO

Um bom exercício para a retirada dessa imagem, além da repetição positiva, é sentar-se num lugar calmo, colocar uma música tipo New Age ao fundo, respirar profundamente três vezes, contrair os músculos do corpo todo e soltar quatro vezes, fechar os olhos e imaginar um jardim. O jardim mais belo e perfeito que você puder imaginar.

No meio do jardim coloque uma mesa de madeira rústica e cubra-a com uma toalha de linho branco, com bordados da forma que você preferir, usando as cores verde-água, azul-bebê, amarelo e lilás clarinhos. Em cima da toalha, de um lado, coloque uma jarra de cristal com água límpida e, do outro lado, outra jarra de cristal, com um líquido verde-claro. No meio, coloque um copo de cristal e uma colher de prata. Sinta o calor do sol em suas costas e uma brisa refrescante em sua testa.

No fundo do copo, coloque a imagem que lhe causa medo. Encha a metade do copo com água e a outra metade com o líquido verde-claro [eles não se misturam, pois estão na sua imaginação]. Pegue a colher e comece a misturar tudo no sentido anti-horário [ao inverso do que você mexe seu café]. Veja, agora, tudo se misturando, numa velocidade cada vez maior, até que fique apenas água límpida no copo. Quando isso acontecer, olhe para a imagem de seu pai, no lado direito de sua cabeça, e agradeça a ele o seu poder da transformação. Vire-se de costas para a mesa e volte calmamente ao aposento onde você se encontra.

Faça o exercício quantas vezes precisar, até que sinta uma leveza energética, pois quando a imagem negativa é anulada, parece que emagrecemos até na balança.

AUTOSSOLUÇÃO

Outro exercício para expulsar imagens negativas ou situações chamadas de mal resolvidas é o seguinte: entre num banheiro, levante a tampa do vaso sanitário e imagine-se vomitando todas as imagens do medo ou que lhe desagradaram em determinada situação. Só pare quando se sentir livre dessa energia. Então, feche a tampa do vazo e dê descarga, imaginando que a água está levando e lavando tudo. Sinta leveza, calma e paz. Saia do banheiro.

6

CHACRAS SÃO PORTAS

Todas as doenças do corpo físico, a falta de dinheiro e a falta de bons relacionamentos têm como causa as imagens mentais negativas. A própria comunidade médica já admite que o doente que passa pelo tratamento com bom humor ou com determinação de cura quase sempre consegue, ou, pelo menos, tem o dobro de chances de conseguir. Por toda minha vida, quando procurei ajuda espiritual nas religiões, observei que nem os padres, nem os pastores, nem os pais ou mães de santos, eram alegres ou felizes. Então me decepcionava, pois me perguntava como eles poderiam me mostrar o caminho se eu via que nem mesmo eles, os "eleitos" de Deus, eram felizes. Estavam sempre preocupados com pecados, carma, punição, olho grande etc. Não dá nem para sair de casa para trabalhar com tanto peso em cima!

Agora, você pode me perguntar: e as pessoas que já nasceram com defeitos físicos ou mentais? Bem, cientificamente, ainda não foi provada a existência de outra ou outras vidas, porém, já sabemos que essas pessoas nasceram com esse programa preestabelecido e que o criaram, de alguma forma, porque quando se quer realmente mudar doenças ditas incuráveis, acontecem milagres que os médicos não conseguem explicar. Isso é uma prova real de que o programa foi mudado na célula. Eu mesma voltei a enxergar aos sete anos de idade, pela grande vontade que tinha dentro de mim de conseguir ver. E após os trinta anos, quando voltei ao médico, que visitava regularmente, pedindo que me operasse de hipermetropia e astigmatismo, pois já existiam operações de sucesso para correção do alto grau de miopia, astigmatismo etc., ele me respondeu que não mexeria no meu olho, pois até hoje ele não sabe explicar, cientificamente, o que aconteceu para que eu voltasse a enxergar com o olho direito. Disseme, ainda, que já que eu levava uma vida normal com o alto grau de hipermetropia nesse olho que não devo mexer mais naquilo que deu certo.

Continuando a minha busca para entender como essas energias funcionavam, voltei-me para leituras de pensamentos e filosofias orientais, pois conhecia o sucesso de terapias alternativas, como a Acupuntura, massagens chinesas, Quiropraxia e Reiki.

Sabia que, de alguma forma, o equilíbrio das pessoas podia ser efetivamente influenciado por essas terapias. Descobri que a filosofia oriental se baseia no equilíbrio dos chacras para que haja a cura.

O que são chacras? Chacras são portas em nosso campo energético [meridianos] que fazem a comunicação com a terceira dimensão (nosso corpo físico). Essas portas estão ligadas a inúmeros meridianos, que correm como um rio de energia nutrindo todas as nossas células. Então, se a porta do coração está emperrada por criações mentais negativas, você, em seu dia a dia, não consegue bons relacionamentos com os outros. Se, por outro lado, a porta da sua ligação com o planeta está travada, você não consegue a abundância financeira, além de sentir dores nas costas, nas áreas dos quadris.

Muito interessante é perceber que a linguagem que o inconsciente usa com a consciência é a dor. Se você apresenta alguma dor ou qualquer desarmonia física, vigie imediatamente seu pensamento e observe o que você vem falando e pensando porque aí está a criação mental negativa que está sendo alimentada, exclusivamente, por você.

Em janeiro de 2016, cientistas da Universidade de Seul injetaram corantes fluorescentes na pele de indivíduos cobaias, nos pontos de acupuntura e em outras regiões do corpo, e por meio de exames de tomografia computadorizada, evidenciaram o sistema de meridianos no corpo humano. A grande surpresa foi a descoberta de que os meridianos não estão confinados à pele e são um verdadeiro sistema de condução, por onde o corante fluiu.

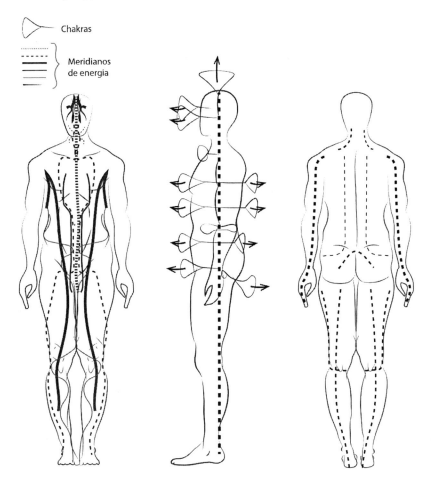

Fonte: https://www.healthcmi.com/Acupuncture-Continuing-Education-News/1230-new-ct-scans-reveal-acupuncture-points

A ENERGIA FLUI "PARA" E "ATRAVÉS" DO CORPO.
TODO SISTEMA ELETROMAGNÉTICO PRECISA FLUIR E AS ENERGIAS SUTIS FLUEM NO NOSSO CORPO ATRAVÉS DOS **MERIDIANOS**.

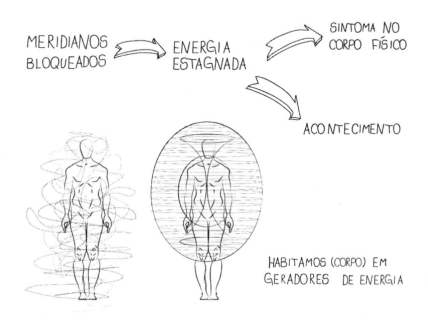

Os chacras podem ser harmonizados de diversas formas, sendo que a base de tudo é o pensamento de sucesso e o otimismo. Porém, podemos usar instrumentos para nos ajudar, como a psicoterapia quântica; as agulhas da Acupuntura; a energia canalizada do Reiki; a Cromoterapia, que é uma injeção de cor nos chacras, através de uma lanterna; o uso de cristais etc. Quando você mantém os chacras harmonizados, o seu circuito eletrônico manifesta a perfeição de seu mundo.

Como cada chacra tem uma cor predominante, preparei este resumo, mostrando a localização e algumas formas de equilibrar cada um deles, com repetições de frases ou a utilização do cristal correspondente. Você também pode beber água solarizada: utilize um copo transparente com água filtrada e envolva-o com papel celofane na cor correspondente ao chacra a ser equilibrado, deixando-o por duas horas ao sol [pode ser em sua própria janela], e depois beba. O papel só deverá ser utilizado uma única vez e você deverá preparar essa água diariamente e bebê-la até que se sinta equilibrado. Cabe observar que essa água, em nenhuma hipótese, poderá ser mantida na geladeira.

CHACRA # 1

Fundamental, chacra da raiz ou da base

- **Localização:** entre as pernas.

- **Cor:** vermelha [2ª cor – preto].

- **Sentido:** olfato.

- **Órgãos:** intestinos, rins, coluna, ossos e pernas.

- **Pedras:** rubi, jásper vermelho [pedra da saúde, ativa e melhora o desempenho sexual da pessoa], turmalina preta, obsidiana [pedra do aventureiro, estimula o desejo de viajar, ajuda a esquecer amores], quartzo fumê.

- **Alimentos:** ameixa, agrião, cereja, groselha, espinafre, frutas e vegetais vermelhos.

- **Frase:** *Eu Sou a manifestação.*

CHACRA # 2

Genital ou do umbigo

- **Localização:** dois dedos abaixo do umbigo.
- **Cor:** abóbora.
- **Sentido:** paladar.
- **Órgãos:** genitais, ovários, testículos, próstata e bexiga.
- **Pedras:** calcita dourada [pedra da paz, amplia a memória, aguça a mente, alivia as tensões e reduz o estresse], âmbar, aventurine.
- **Alimentos:** mamão, manga, pêssego, cenoura, abóbora e todos vegetais e frutas de cor abóbora.
- **Frase:** *Eu Sou a solução para tudo.*

CHACRA # 3

Plexo solar

- **Localização:** na boca do estômago.
- **Cor:** amarela.
- **Sentido:** visão.
- **Órgãos:** estômago, pâncreas, fígado, vesícula, músculos e sistema nervoso.
- **Pedras:** citrino [pedra da fortuna e do equilíbrio físico e mental, atrai riqueza, elimina o medo e a angústia,

melhora a digestão], topázio dourado, olho de tigre, âmbar. Além dessas pedras, vale ressaltar que o ouro pode ser usado neste chacra; por exemplo, através de uma aliança de ouro.

- **Alimentos:** laranja, pimentão amarelo, banana, batata inglesa, pera e todos os vegetais e frutas amarelos.
- **Frase:** *Eu Sou absolutamente feliz.*

CHACRA # 4

Cardíaco

- **Localização:** entre os mamilos.
- **Cor:** verde [2ª cor – rosa].
- **Sentido:** tato.
- **Órgãos:** coração, pulmões, timo, braços e mãos.
- **Pedras:** esmeralda, turmalina verde ou rosa, jade verde, aventurine verde, quartzo rosa [pedra do amor, atrai o sexo oposto, bom para o coração e sistema circulatório].
- **Alimentos:** todos os vegetais verdes [exceto agrião e espinafre].
- **Frase:** *Eu Sou alegria.*

CHACRA # 5

Laríngeo ou da garganta

- **Localização:** na base do pescoço.
- **Cor:** azul celeste e turquesa.
- **Sentido:** audição.
- **Órgãos:** glândula tireoide, paratireoide, garganta e boca.
- **Pedras:** turquesa, celestile, topázio azul, sodalita [pedra da sabedoria, coragem e razão, fortalece o metabolismo e o sistema linfático], lápis lazuli, água marinha.
- **Alimentos:** vegetais de cor púrpura.
- **Frase:** *Eu Sou livre.*

CHACRA # 6

Da testa ou do terceiro olho

- **Localização:** entre as sobrancelhas.
- **Cor:** anil ou índigo.
- **Sentido:** visão interior.
- **Órgãos:** glândula pineal, olho esquerdo, nariz e ouvidos.

- **Pedras:** lápis lazuli, azurita, sodalita, cristal de quartzo [pedra da energia, equilíbrio e harmonia, age como purificador].

- **Alimentos:** vegetais de cor púrpura.

- **Frase:** *Eu Sou a visão perfeita.*

CHACRA # 7

Coronário ou da coroa

- **Localização:** na parte mais superior da cabeça, em que a moleira se encontra.

- **Cor:** violeta, branco, prata e dourado.

- **Sentido:** Eu Superior.

- **Órgãos:** glândula pineal, sistema nervoso central, olho direito.

- **Pedras:** ametista [pedra da paz, amizade e beleza, alivia o estresse e os medos, ajuda a dormir e combate os vícios].

- **Alimentos:** vegetais de cor violeta.

- **Frase:** *Eu Sou em Deus e com Deus.*

Obs.: exercícios físicos, yoga, artes marciais e o canto também harmonizam os chacras, de maneira geral.

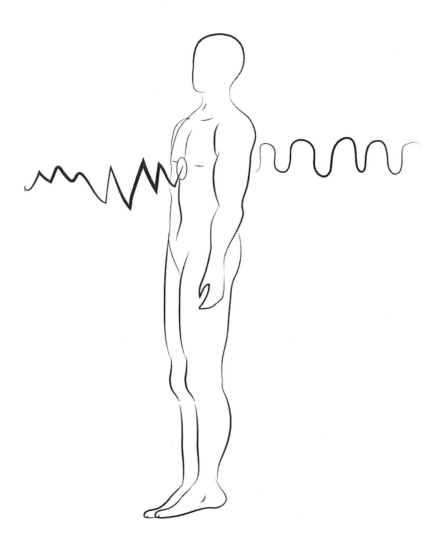

7

MEXA-SE

Depois de ler essa quantidade de informações sobre seu corpo energético e como ele precisa ser equilibrado, você certamente vai dizer: "Eu não tenho tempo para isso". E eu vou lhe perguntar: "Você tem tempo para ser feliz?". Tem sim! Nós só precisamos fazer esse caminho de volta ao autoconhecimento de nossa energia porque fomos educados no caminho inverso, sempre olhando para fora, sempre permitindo que o externo entre pelos nossos olhos, ouvidos, pele, olfato etc., sem policiamento algum.

Será que esse processo é trabalhoso? É sim, mas o retorno de paz, tranquilidade e alegria é de tal maneira maior, que qualquer um de nós que experimente dobrará, naturalmente, seu tempo de exercícios. E digo mais: se com todo esse conhecimento ainda mantivermos nossos braços cruzados, não apenas estaremos estáticos como, também, compactuaremos com as forças emocionais negativas do inconsciente negativo.

Você, certamente, verá aonde isso dará... Mexa-se! A todo o momento pode se dar o primeiro passo. E essa atitude de ousadia de quebra de velhos padrões, de cortar as pernas do polvo que o prendia, será recompensada instantaneamente, com uma sensação de alegria e leveza poucas vezes experimentada por você.

Para ser feliz e tranquilo não é absolutamente necessário que se viva protegido por muros de um convento ou monastério. Basta que se crie seu próprio paraíso, e a cada montanha que apareça em sua vida, mande, ordene, que ela se jogue ao mar! Para recuperar a qualidade de vida que lhe pertence é importante que você entenda que é um circuito eletrônico, que usa seu corpo físico para se manifestar e que toda aparência externa, negativa ou positiva, é emitida por esse circuito, como a tela de uma televisão. Você pode trocar o "canal" da aparência se você prefere prazer e perfeição (livre-arbítrio).

Uma observação deve ser feita aqui: você deve compreender que o momento do aprendizado é individual. Não adianta você querer impor àquelas pessoas de quem mais gosta esse caminho. Se elas não se sentem simpatizadas por essas ideias, o subconsciente delas achará uma forma de alertá-las e, aí, nesse momento, você poderá falar sobre esse assunto.

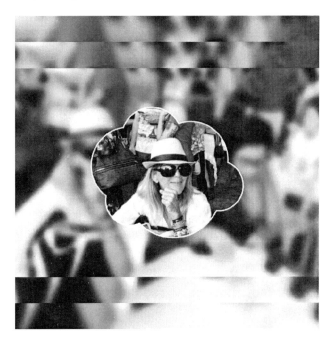

Você vibra e atrai tudo que corresponde ao seu estado interior

8

VOCÊ É SUFICIENTE

Muitas vezes, sou procurada por pessoas absolutamente desesperadas, por se sentirem mal-amadas ou traídas. O mais interessante que posso observar é que em todos os casos, essas pessoas elegem "o outro" como o principal motivo de suas existências. O erro todo começa aí. Você não tem que procurar a sua "metade", até porque, você já é "inteiro". Porém, desde a infância, você é programado para encontrar a sua cara metade. O verdadeiro amor e o relacionamento equilibrado só acontecem quando duas pessoas que se reconhecem como deuses, átomos-sementes (pai), amam a si próprias e compartilham essa felicidade, respeitando as diferenças. Você só pode dar aquilo que você tem. Se você tem amor e respeito por si próprio, aí, sim, você pode trocar com o outro. Agora, se você quiser moldar o outro, como se fosse a sua outra parte, você estará tendo uma atitude de egoísmo tremendo, pois você não estará respeitando os registros e o livre-arbítrio do outro. Isso, definitivamente, não é amor.

Aí, você, choramingando, vai me dizer: "Mas eu dei todo o meu amor para essa pessoa e ela me rejeitou". Olha, a quem você está querendo enganar? A mim, a você mesmo(a) ou a todos? Você não pode dar aquilo que não tem. Se você não tem um pingo de amor por si mesmo — porque se tivesse não entregaria sua vida nas mãos de outra pessoa —, você, na verdade, não deu amor nenhum, apenas carência, para que o outro dissesse que você valia a pena! Você precisa ser elogiado e paparicado pelo outro para se sentir bem no mundo. Que horror! Tão bonzinho que você é, hein!

Em pleno sábado, numa noite maravilhosa de verão, preparava-me para sair com meu marido, quando o telefone tocou. Do outro lado da linha, uma voz de mulher, chorando de desespero, disse-me que sua vida não valia a pena, pois seu relacionamento de seis anos havia terminado, de uma hora para outra, e que se ela não fosse ajudada naquele momento, preferia morrer. Calmamente, disse a essa senhora desesperada que só haveria horário para um atendimento na terça-feira seguinte e que eu a encaixaria na hora do almoço. Ela me suplicou, afirmando que não podia esperar tanto tempo. Eu respondi que se ela havia passado seis anos se menosprezando, poderia, muito bem, esperar três dias para ser atendida.

Chegando o dia do atendimento, essa senhora me relatou o caso e me mostrou claramente o quanto havia se subjugado a um amor absolutamente irreal. Não que o parceiro dela fosse algum mau-caráter. Pelo contrário, era um homem trabalhador e inteligente, que havia se apaixonado por ela quando a encontrou casualmente, vendo nela uma mulher forte e decidida, correta e inteligente, além de bonita. Mas, com o passar do tempo, essa senhora quis moldar, de forma inconsciente ou não, o seu parceiro a sua maneira, e ele, com toda a razão, resistiu a esse molde, já que isso não era ele e, sim, a idealização de um homem como ela queria. Mas ela não entendia o mal que estava causando a esse parceiro. Ela achava que, em nome do tal amor, ele deveria abdicar de sua vida profissional intensa. E ainda me dizia: "Veja só! Ele está preferindo o trabalho a mim, que sou tão sua amiga e companheira".

É claro que qualquer um de nós prefere o trabalho, que nos dá um bom retorno, do que ficar com uma pessoa chata, cobrando tudo o que fazemos a cada instante. No final da conversa, ela me disse que se eu a tirasse do apego a esse homem, ela me seria eternamente grata. Eu respondi

AUTOSSOLUÇÃO

que não seria eu quem a libertaria e, sim, ela própria, um átomo-semente-Deus.

Começamos o tratamento e em poucas semanas essa senhora já ria das situações passadas. A primeira coisa que pedi que ela fizesse foi que, ao deitar-se para dormir, imaginasse seu rosto sorrindo, com expressão de felicidade, sendo abraçada por seu pai, e mantivesse essa imagem até adormecer. Outro exercício que praticamos foi o da sala do amor [veja a explicação no final do manual]. O resultado foi maravilhoso, pois quando ela, finalmente, harmonizou-se consigo mesma, reconhecendo-se como divina, com todas as suas qualidades e talentos, o homem em questão a procurou e voltou para o relacionamento de uma maneira muito melhor e, hoje, anos depois, vivem felizes, amando-se e se respeitando.

Outro caso bastante interessante foi o de um homem muito bem-sucedido profissionalmente, inteligente, bem--apessoado e saudável, que me procurou porque sentia uma obsessão por uma mulher que havia conhecido e que era noiva de outro. Essa mulher até sentira simpatia por ele, porém não queria saber de relacionamentos românticos, e até mantinha o noivado como um escudo de "proteção".

Começamos o tratamento, fortificando sua autoestima e mostrando a ele que essa mulher não tinha a menor obrigação de lhe tapar os buracos de carência, e que ele só podia compartilhar de um relacionamento feliz com ela ou com qualquer outra se reconhecesse seus próprios talentos e se sentisse seguro consigo mesmo. Após várias sessões de tratamento de autoestima, com as quais ele se preparou para viver bem consigo mesmo, independente de estar com outra pessoa ou não, o Universo lhe preparou uma surpresa. A tal mulher estava de mudança e telefonou para meu cliente, pois estava precisando de orientação na área profissional dele. Quando se encontraram, ela lhe contou que o noivo havia encontrado um novo amor e eles tinham se separado. Houve vários encontros por motivos profissionais, que culminaram na mudança dela, mas não para o apartamento novo e, sim, para a casa dele. Hoje, são pessoas felizes e vivem muito bem.

Um dos casos com os quais eu mais me surpreendi foi o de uma senhora já com seus sessenta anos e que me procurou para um tratamento porque toda a sua vida tinha sido um inteiro e retumbante fracasso no campo dos relacionamentos conjugais. Na verdade, ela não tinha grandes problemas em se reconhecer como divina, pois nas outras áreas de sua vida, como a profissional e a de saúde, tudo corria muito bem para ela. Quem a olhasse poderia comprovar tal fato, já que tinha um rosto ainda muito belo, esbanjando elegância em seu modo de agir.

Mas essa senhora estava presa havia três anos a um caso de amor muito malsucedido, porque tivera esse relacionamento por um ano, entre altos e baixos, e, de repente, tudo havia acabado. Tornaram-se amigos, mesmo porque, ambas as famílias eram conhecidas e viam-se sempre por conta das reuniões sociais, fazendo-a cada vez mais apaixonada, apesar de ele sempre mostrar claramente que não queria retorno. Para completar, esse senhor gostava muito de beber e estava se tornando um alcoólatra. Ela fez de tudo para ajudá-lo, mas nunca conseguiu chegar a qualquer entendimento. Cansada dessa situação, resolveu procurar ajuda terapêutica.

Fizemos um tratamento com resultados bastante rápidos, utilizando a sala do amor várias vezes, e também o exercício da catedral [ambos descritos no capítulo final deste manual]. Terminado o tratamento, ela resolveu fazer uma viagem que há tempos adiava. Passou um mês viajando e, quando retornou, telefonou-me muito alegre, contando que havia conhecido um viúvo na excursão e que estavam vivendo um lindo caso de amor.

Outro caso foi o de uma jovem de seus vinte e poucos anos, que me procurou para se tratar, pois queria se libertar de uma verdadeira fixação num namorado mulherengo e viciado em cocaína. Ela sabia, racionalmente, que essa paixão só a levaria para um buraco, mas, mesmo assim, quando o namorado aparecia, ela se transformava num cachorrinho vendo seu dono chegar. Ela vinha tentando lutar havia anos, porém, caía sempre no mesmo erro, agindo contra ela mesma. É importante salientar que essa jovem já havia se separado de um marido violento anteriormente e que o atual namorado era estranhamente parecido com o ex-marido quanto ao físico.

Fizemos o tratamento, conscientizando-a de seu valor divino, de sua beleza física, de seus talentos profissionais e de seu ótimo relacionamento com ela mesma quando decidia ser feliz. Pouco tempo depois do início do tratamento, minha cliente entrou em minha sala e disse: "Está dando tudo errado. Eu estou me tratando para ele ir embora e ele me procurou, totalmente transformado, fazendo, inclusive, tratamento antidrogas e livre de todas as outras mulheres. Ainda por cima, me jurou de uma forma verdadeira o seu amor por mim". Eu lhe disse para ter calma, que não decidisse nada por enquanto e se desse esse tempo, para saber o que realmente desejava. Ela concordou e continuamos o tratamento, sempre fortalecendo a sua individualidade e o autoconhecimento, utilizando por várias vezes o exercício do mensageiro [descrito no último capítulo].

O tratamento acabou e ela estava absolutamente feliz consigo própria, saudável e prosperando cada vez mais em seu comércio. Meses depois, telefonou-me contando que havia se casado com o tal homem e que ele tinha mandado reformar toda a casa dela, como já havia feito consigo mesmo, não querendo que nada os lembrasse do passado. Ainda não tinham filhos, mas viviam muito bem, com amor, saúde e prosperidade, pois ele abrira seu próprio negócio.

Outra jovem mulher, que, na verdade, havia conhecido anos antes, no grupo de amigos de meus sobrinhos, procurou-me desesperada. Ela chorava tanto que mal conseguia falar. Fiquei parada junto a ela, olhando aquela linda moça, que muitas vezes, no passado, havia chamado de "Baywatch", já que era muito parecida com as belas salva-vidas americanas desse seriado.

Depois de algum tempo ela foi se acalmando e me contou que estava com uma filha de seis meses e que o pai da criança havia abandonado a casa, pois não conseguia se libertar das noitadas de que sempre participava antes de conhecer a minha cliente. Ele estava se sentindo muito preso e não queria o monte de responsabilidades de companheiro e pai, principalmente, na idade jovem que tinha. Para completar, ao voltar ao trabalho após completar o período de licença-maternidade, foi despedida de seu ótimo e bem remunerado emprego. Foi explicado a ela que a pessoa que ocupara seu lugar durante o período de afastamento a que tinha direito pela lei trabalhista ganhava menos do que ela e exercia a mesma função, logo, a empresa preferiu ficar com ele e a dispensar.

Começamos o tratamento, racionalizando todas as suas atitudes em relação ao ex-companheiro e ao ex-emprego. Fizemos vários exercícios da sala do amor e o exercício da Lua [veja detalhes no final deste manual]. Mesmo o rapaz continuando a pagar o aluguel do apartamento, ela precisava de dinheiro, naturalmente, para continuar a levar a sua vida, agora, com sua filha.

Em muito pouco tempo, o dono da antiga firma a chamou para conversar e, inesperadamente, devolveu-lhe o emprego, já que aquele rapaz que a tinha substituído havia encontrado outro trabalho e se demitido. Interessante notar que ela acabou ganhando com toda essa confusão em seu serviço. Recebeu, primeiramente, uma indenização gorda por seu trabalho durante sete anos e ainda voltou para a mesma firma, que teve que lhe aumentar o salário.

Um mês depois, o ex-companheiro, sabendo, por amigos em comum, que ela estava muito bem, procurou-a, arrependido, querendo a volta do relacionamento. Minha cliente continuou a fazer o exercício da sala do amor e decidiu que deveriam apenas voltar a namorar. Passaram meses nesse relacionamento, com ela comparecendo semanalmente ao tratamento. A partir de dado momento, ela descobriu que não o amava de verdade e que estava apenas tentando se encaixar no padrão social de casamento. Teve uma atitude de ousadia, conversou com o rapaz e mostrou a ele que os dois não estavam realmente felizes como amantes, e que estavam somente tentando formar uma família tradicional. Tiveram coragem o bastante e hoje são grandes amigos, cumprindo os papéis de pai e mãe de uma linda menina, porém com suas vidas independentes. Essa mesma cliente cria sua filha mostrando a ela que o importante é ser feliz, sem jamais tentar se encaixar numa única forma que a sociedade cria para indivíduos de tamanhos diferentes.

Um típico caso de "atirei no que vi e acertei no que não vi" foi o de uma professora de meia-idade, que me procurou num processo de surdez, que avançava a cada dia mais e mais. Ela, depois de tantos anos de magistério, começava a se sentir mal na sala de aula, quando virava para o quadro-negro, uma vez que não ouvia claramente o que os alunos falavam.

Começamos o tratamento com o exercício do mensageiro para descobrirmos o que ela estava se negando a ouvir e, portanto, autopunindo-se, prejudicando a sua audição. Descobrimos que, após um casamento de vinte e cinco anos, ela não suportava mais as reclamações do marido, que era uma pessoa absolutamente insatisfeita consigo mesma, achando-se um fracassado e culpando o mundo "mal", que parecia condená-lo, assim como o sucesso financeiro de sua esposa, que trabalhava naquilo que gostava, com muito sucesso, causando nele uma frustração ainda mais forte.

Continuando o tratamento, usando o exercício do anão-zinho [veja no final deste manual], e fortalecendo sempre a sua capacidade divina de transformar seu próprio corpo, em menos de um mês ela chegou esfuziante à sessão. Acabara de ir ao seu banco e descobrira uma quantia polpuda em sua conta, e ao procurar saber o que aquilo significava, o gerente a informou que o "Estado" havia feito aquele depósito. Continuou a procurar e descobriu que o dinheiro era referente ao pagamento de um processo que havia movido contra o "Estado" e que ela nem se lembrava mais, pois já havia passado cinco anos desde a última notícia que recebera sobre o assunto. Muito feliz, reformou a casa, comprou um carro para o filho, que acabara de passar na faculdade, e entregou ao marido uma soma suficiente, ainda do mesmo dinheiro ganho na Justiça, para que ele abrisse a tão sonhada firma de informática. Hoje, ela é feliz e ouve completamente bem.

Outro caso verídico foi de uma aluna que se matriculou em meu curso semanal de autoconhecimento, e já nas primeiras aulas foi aprendendo que tinha um corpo energético repleto de imagens gravadas e que, a partir do momento em que ela decidisse gravar imagens de sucesso, reconhecendo sua semente divina, poderia dissolver um enorme mioma, que tanto a incomodava.

Ensinei-lhe o exercício do anãozinho e pedi que dormisse todas as noites com as mãos sobre o ventre, imaginando-as emitindo uma luz verde-água e destruindo o mioma. Ela fez os exercícios durante um mês. Nunca mais destacamos esse assunto e continuamos o curso normalmente. Passado, aproximadamente, um mês e meio, ela chegou para a aula mais cedo, cheia de alegria e com um laudo de uma ultrassonografia comprovando que o mioma havia desaparecido. Os companheiros de curso a aplaudiram muito e, assim, por experiência própria, ela comprovou sua habilidade divina.

O que a maioria de nós ainda não compreendeu é que a dificuldade do amar a si mesmo começa no início da percepção de si mesmo, algumas vezes, numa gestação indesejada e,

AUTOSSOLUÇÃO

outras vezes, na rejeição e no abandono da criança. E abandonar uma criança não necessariamente quer dizer tirá-la do lar. Existem várias formas de abandono dentro da própria família: um pai, uma mãe ou qualquer outro responsável que "reduz" o valor da criança, que passa a acreditar nesse pouco valor e começa a achar que não merece ser feliz ou não merece receber amor e atenção por não ser boa o suficiente pelas expectativas da família. O valor dessa criança despenca para ela mesma... Como amar e respeitar a si mesmo se não tem valor algum? Se não tem importância nenhuma?

A grande descoberta é que essa criança pode fazer por ela o que a família não fez! A criança pode ser feliz o quanto quiser. Nunca é tarde para se dar uma nova imagem de pai, mãe, amigos, amor e valor. Quando vamos a uma consulta médica precisamos informar ao médico o histórico familiar das doenças, mas deveríamos também informar o histórico de amor e atenção que recebemos na infância. Toda cura envolve revisitar o passado. Um adulto que sofreu abuso ou depreciação na infância se enxerga como vítima e não consegue encontrar valor em si mesmo. Muitas vezes, estar doente é uma forma de receber alguma atenção.

Valor se identifica com valor, ou seja, quem sente que tem valor vibra amor, boas relações, boa saúde, prosperidade, consciência humanitária, contribuição com a comunidade...

Uma pessoa feliz quer que todos sejam felizes, é natural. Cada pessoa que reconhece o valor de sua vocação natural e se aprimora está contribuindo com suas ações para a satisfação de todos. Ninguém precisa estar concorrendo com o resto das pessoas o tempo todo. Cada um tem um talento especial e um lugar de valor, um lugar importante para experimentar no mundo.

Autoestima é uma coroa invisível em nossa cabeça!

9

EXERCÍCIOS MENTAIS

Descrevo, agora, os exercícios que poderão ser praticados por você mesmo(a), sem a necessidade de ajuda de um terapeuta. Esses exercícios foram testados e aprovados por mim mesma, portanto, têm o selo de qualidade na comunicação com o subconsciente.

EXERCÍCIO DO PAI

Deitado(a) ou sentado(a), feche os olhos e imagine o seu pai biológico (pode ser uma criação sua, você em formato de pai). Agora, sinta-o como um ser plenamente amoroso, afetuoso e provedor. Use o tempo que você precisar até que sinta essa verdade dentro do seu coração.

Ilumine essa imagem com uma luz amarelo brilhante (ou qualquer outra luz brilhante que lhe seja agradável) e a leve até o lado direito do seu cérebro. Veja a imagem clara e receptiva a você.

Faça um pedido a esse pai, uma coisa muito importante para você, e veja-o respondendo: "Meu filho (minha filha), **Eu** já estou fazendo isso que você me pediu, não se preocupe, porque **Eu** amo você e lhe dou tudo aquilo que você **Me** pedir. Veja-**O** sorrir serenamente e agradeça com alegria.

Abra os olhos e siga a sua vida normalmente.

Obs.: durante o seu dia a dia, peça a essa imagem do pai tudo o que precisar, pois quanto mais você pedir, mais fortalece a ligação. Algumas pessoas pensam que vão cansar o **pai,** mas é justamente a constância de pedidos que é importante para fortificar a imagem.

Exercício da Luz

Fique em pé, com as pernas um pouco afastadas, esfregue as mãos até que sinta um calor morno. Abra os braços, não muito esticados e feche os olhos, imaginando que a luz do sol está entrando pelas suas mãos, percorrendo seus braços e iluminando seu coração com uma luz amarelo-claro, como os raios solares. Imagine que essa luz vai crescendo em forma de circunferência e chega até a sua cabeça. Agora, faça com que ela continue crescendo e chegue até os seus pés.

Feito isso, comece a imaginar que essa circunferência continua crescendo e formando um "ovo" de luz a sua volta. Repita mentalmente: "Eu Sou a perfeição manifestada", e fique assim por 10 minutos. Quando acabar, abra os olhos e continue seus afazeres diários.

Faça esse exercício diariamente, porque a prática é fundamental! (não adianta saber como se faz café. Se você não praticar, o café vai ficar fraco demais ou insuportavelmente forte).

Exercício Sala do Amor

Este é para quando precisamos restabelecer relações de comunicação ou relacionamentos e a pessoa em questão se recusa a nos ouvir.

Coloque uma música de amor bastante positiva [como exemplo, eu sempre ponho a música *Deixa eu dizer que te amo,* gravada pela Marisa Monte], e deixe a música tocando repetidamente até o final do exercício. Sente-se confortavelmente e respire profundamente três vezes.

AUTOSSOLUÇÃO

Feche os olhos e imagine uma sala, a sala mais bela e rica que puder. Pinte as paredes com cores claras, coloque sofá ou cadeiras bastante confortáveis, todo tipo de decoração, moderna ou antiga, conforme sua preferência. Se gosta de plantas, decore com vasos de flores e, se prefere animais, construa mentalmente um aquário, ou veja gatos ou cachorros. Gostando de cristais, distribua drusas enormes pela sala. Enfim, faça a sala de seus sonhos. Quando toda ela estiver pronta, fique no meio da sala, admirando sua beleza em cada detalhe, e observe que, no meio do seu peito, e na mesma altura, em suas costas, uma luz rosa-bebê se acende.

Essa luz começa a emanar uma fumaça rosa clarinha e vai preenchendo você e expandindo para toda a sala. Quando a sala estiver repleta dessa luz, sente-se confortavelmente num sofá ou cadeira e veja uma porta se abrir e por ela entrar a imagem de seu pai. Esse pai deve ficar no meio da sala e começar a absorver toda essa fumaça iluminada, como se fosse uma esponja. Você deverá ver, no meio do peito e no meio das costas de seu pai, acender a luzinha rosa-bebê, enquanto o semblante de seu pai vai se transformando, mostrando alegria e felicidade, sempre olhando para você. Aí, você deverá se levantar, caminhar até seu pai e lhe dizer o quanto o ama e que gostaria de viver sempre bem com ele. Ele aceita sua sugestão e vocês se abraçam e se beijam felizes.

Com essa imagem de sucesso no relacionamento, de proteção, você pede ao seu pai para resolver a situação que está lhe incomodando e imagina que ele responde: "Pode deixar, meu querido filho (minha querida filha), a partir deste instante essa situação está resolvida a seu favor". Então você volta ao recinto onde faz o exercício, calma e harmoniosamente, sentindo a satisfação da solução e da proteção que recebeu de seu pai.

Exercício do Mensageiro

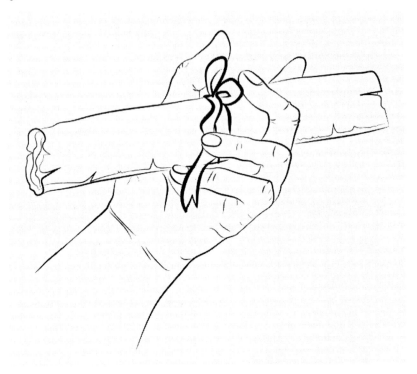

Devemos utilizá-lo para receber mensagens do subconsciente.

Sente-se confortavelmente ou deite-se num lugar tranquilo, onde não será interrompido(a). Coloque uma música com som de ondas do mar. Caso não tenha, procure no Youtube.

Imagine uma linda praia, com areia branquinha e um mar muito calmo, com algumas marolas e de águas transparentes. Passeie por essa praia, sentindo a areia macia nas solas dos pés. Sinta, também, o sol quente em seu corpo e uma brisa refrescante em sua testa. Observe as gaivotas pescando no mar. Bem devagarinho, vá entrando na água, percebendo sua temperatura agradável. Quando a água estiver na altura de seu pescoço, mergulhe numa marola e brinque com a água, até que fique cansado de nadar. Comece a boiar e sinta-se fazendo parte dessa natureza calma e bela.

Veja, ao longe, na areia, um ponto se mexer. Conforme ele vai se aproximando, você vê um mensageiro com o rosto de seu pai. Saia da água calmamente e vá ao encontro do mensageiro. Quando vocês estiverem juntos, ele lhe entregará uma mensagem enrolada e amarrada por uma fita. Sente-se na areia e abra o papel. Leia o que está escrito ou observe o desenho. Quando tiver acabado, levante-se e agradeça ao seu pai-mensageiro, veja-o virar de costas e voltar de onde veio.

Você, com a mensagem bem clara em sua mente, retorne calmamente ao aposento em que estava, espreguiçando-se e abrindo os olhos. Mesmo que a mensagem, a princípio, pareça-lhe um absurdo, acredite nela e vá buscar a verdade. A partir de agora você terá criado a sua praia particular e, sempre que necessitar, use-a.

Exercício da Lua

Esse exercício é utilizado, principalmente, para o campo material, porque a luz da lua é branca e fria e isso ajuda muito a amenizar a ansiedade da materialização.

Numa noite de lua crescente ou cheia, olhe para a lua e desenhe em sua superfície o rosto de seu pai, com semblante protetor e amoroso. Peça a ele o objeto de seu desejo, qualquer que ele seja — carro, casa, dinheiro, emprego etc. —, e veja a lua emitindo de volta, em sua direção, raios de luz branca, entregando a você o seu objetivo. Segure em suas mãos e agradeça o sucesso da materialização. Espere calmamente e você vai se surpreender!

Mas lembre-se que você deverá deixar livre o caminho para seu pai realizar seu desejo, a forma como ele utilizará para essa materialização. Nem sempre os caminhos que você conhece serão os escolhidos pelo Universo.

Exercício do Anãozinho Mágico

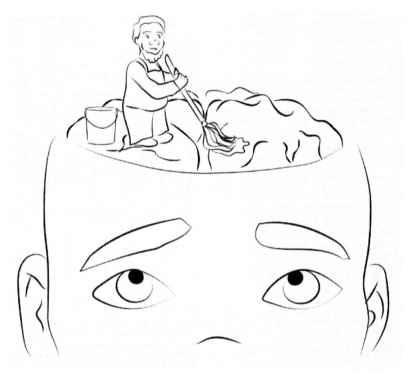

Você deverá utilizá-lo quando sentir alguma dor ou se estiver com algum órgão afetado.

Sente-se confortavelmente, use uma música de fundo bem calma e relaxante. Imagine um anãozinho bem bonitinho, com o rosto de seu pai, de casaco e botas, entrando pelo alto de sua cabeça e tirando de dentro do casaco uma vassourinha mágica e um balde com água e sabão. Ele deverá começar a limpeza pelo seu cérebro, deixando-o bem clarinho, esfregando a vassourinha com sabão e a enxaguando no balde. Ele vai descendo pelo seu pescoço, lavando a garganta, a coluna, em cada vértebra, parando e esfregando bem cada parte que ele vai limpando.

Ele deverá seguir a limpeza até os pés e depois vir subindo pela barriga, limpando todos os órgãos e parando especialmente naqueles que estejam afetados. Você tem o tempo que precisar para realizar todo o trabalho de limpeza e somente quando estiver tudo brilhando você agradecerá ao anãozinho-pai, e o verá guardar o balde e a vassourinha em seu casaco. Então, ele sairá da sua cabeça, entre as suas sobrancelhas.

Faça este exercício diariamente, até que fique totalmente restabelecido.

Exercício da Catedral

Você poderá utilizá-lo para retirar várias imagens negativas, ao mesmo tempo, do subconsciente.

Sente-se ou deite-se confortavelmente em um ambiente em que não deverá ser perturbado. Ouça uma música de fundo calmo ou que sugira ventania. Imagine um deserto cheio de dunas e uma areia escaldante. Ande por esse deserto a procura de um oásis. Quando o encontrar, veja a vegetação verde e farta. Veja, também, uma cachoeira, que forma um grande lago sereno e límpido. Coloque, também, borboletas coloridas voando no local.

Dirija-se até a beira do lago e comece a cavar um buraco, bem fundo, até onde seus braços alcançarem. Sinta muito calor, transpire muito. Agora, coloque, no fundo desse buraco, todas as imagens das quais você deseja se desfazer. Encha o buraco com os sentimentos negativos também, entregando tudo para o planeta transformar. Quando o buraco estiver repleto, comece a tampá-lo com a areia que você havia retirado dele.

Imagine seu pai sentado ao lado do buraco, sorrindo e aprovando o que você acabou de fazer. Sinta-se livre e dirija-se à cachoeira, tomando um banho em sua ducha refrescante. Sinta-se novo em folha. Mergulhe no lago, brincando com a água e seu pai, como se você fosse uma criança feliz. Quando estiver satisfeito, saia da água e volte a caminhar no deserto, sentindo-se muito bem, e veja, ao longe, uma catedral ou um templo dourado.

Seguindo até a porta e parando, veja a imagem de seu pai, ao mesmo tempo em que a porta vai se abrindo e seu pai desenrola um longo tapete vermelho em direção a um altar. Entre, de mãos dadas com seu pai, sempre pisando no tapete vermelho, até que você suba um degrau. Pare e observe que, abaixo de seus pés, acende-se uma luz de neon azul-clara, em que se lê a palavra *força*. Essa luz vai penetrando em você, enquanto você se sente cada vez mais forte.

AUTOSSOLUÇÃO

Suba, agora, o segundo degrau, e observe que abaixo de seus pés se acende uma luz de neon rosa clarinha, em que se lê a palavra *coragem*, que começa a penetrar pelas solas de seus pés, enquanto você se sente cada vez mais corajoso. Agora, você deverá subir o último degrau, em que a luz neon será de um dourado muito claro, parecendo purpurina, e com a inscrição *amor-próprio*. Conforme a luz vai penetrando pelas solas de seus pés, você se ama cada vez mais, respeita-se e se conscientiza de sua divindade.

Chegando ao altar, que tem a imagem do Universo, você deverá agradecer por essa conscientização, prometendo a si mesmo(a) e ao seu pai que, a partir de então, será sempre calmo, tranquilo e feliz, respeitando-se como um átomo-semente-Deus. Feito isso, você sairá do templo com essa imagem gravada bem no meio de sua testa e voltará ao seu ambiente de relaxamento, calmo(a), sereno(a), tranquilo(a) e feliz.

É importante salientar que, para aquelas pessoas que não têm a imagem do pai biológico, basta que criem essa imagem a partir da semelhança **com elas próprias, pois os vinte e três cromossomos herdados de seu pai responderão a essa sua sensação.**

Posso citar as palavras de Jesus em João 10, 30: "O Pai e eu somos um", como informação para formação dessa imagem.

Conclusão

Após nos despojarmos de todos os programas negativos que por muito tempo nos amarraram ao sofrimento e que nos fizeram sentir vítimas, descobriremos que, na verdade, não existem nem vítimas nem algozes e, sim, um grande caminho errado, que seguimos por muito tempo, sem ao menos nos perguntarmos o porquê.

Podemos chegar à conclusão de que uma vida otimista, alegre livre de **pré-ocupações** da mente consciente e com um ótimo relacionamento com o seu pai interno é o renascer de nossa criança interior. E como o próprio Jesus nos disse: "... Pois o Reino de Deus pertence aos que são como essas crianças. Digo a verdade a vocês, quem não receber o Reino de Deus, assim como uma criança faz, nunca entrará nele" [Lu-18,16-17]

Vale assinalar que a verdade constatada por você, oriunda desse novo procedimento mental e comportamental, irá trazer uma liberdade da qual você jamais usufruiu, assim como o grande mestre nos deixou em seu testamento: "...Então, conhecerão a verdade e a verdade libertará a vocês" [Jo-8,32]

Todos nós, em quase toda a nossa vida, senão em toda, procuramos o Reino de Deus fora de nós, ou através de nossos cônjuges, ou através da ganância material, ou qualquer outro subterfúgio, que acaba se tornando um poder ilusório que nos arrasta a frustrações e consequente autodestruição — "...O Reino de Deus não vem de maneira visível. Nem ninguém poderá dizer, Está aqui ou Está ali, porque o Reino de Deus está dentro de vocês" [Lu-17,21], como está dentro de cada célula sua.

APÊNDICE

Para determinados momentos da vida ou para algumas pessoas que possuem traumas mais profundos, preparei algumas imagens e suas respectivas frases, para serem repetidas mentalmente, várias vezes ao dia.

Eu costumo indicar vinte e um dias de repetição da mesma imagem escolhida.

Cada vez, durante o dia, em que mentalizar o objetivo escolhido (imagem e frase), comece com três respirações profundas para ligar o interruptor do subconsciente.

Você pode também colar uma foto sua na imagem escolhida e usar no seu computador ou no seu celular. A tecnologia atual nos permite usar de muita criatividade para impressionar o nosso subconsciente.

1. O mundo dá voltas a meu favor

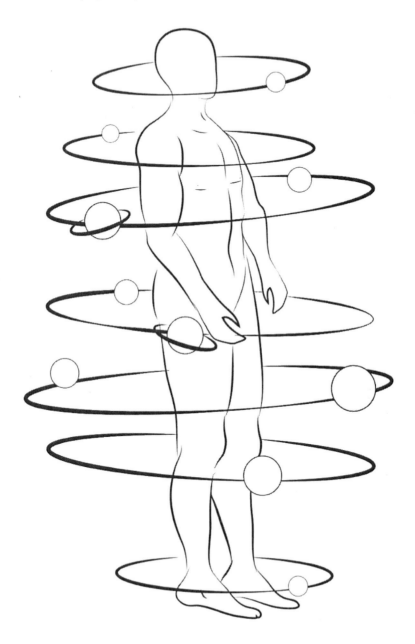

2. TODOS OS PROBLEMAS ESTÃO SENDO RESOLVIDOS

3. Acerto no alvo, seguindo a minha intuição

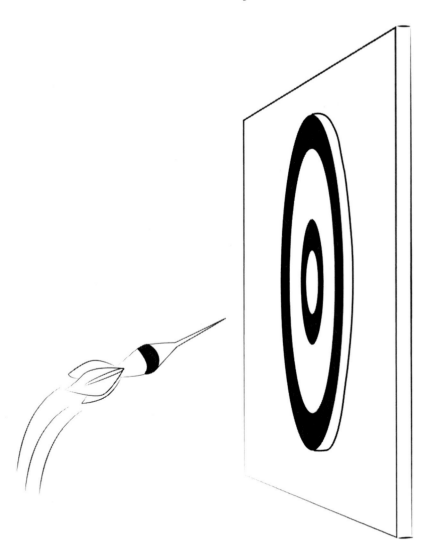

4. Decidi ganhar muito dinheiro. Abro a porta da riqueza em minha vida

5. A SORTE SEMPRE ME ALCANÇA

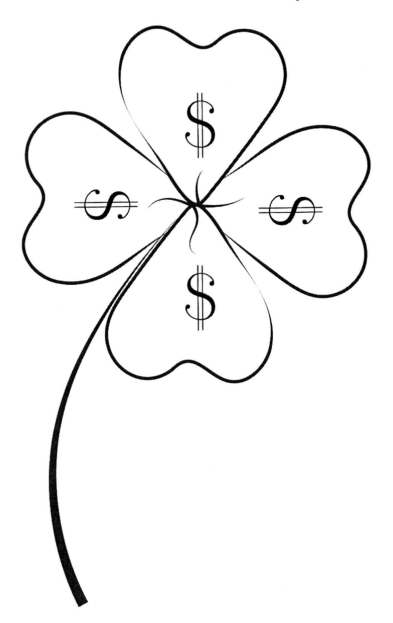

6. Mudo sempre para melhor

7. Irradio otimismo e paz

AUTOSSOLUÇÃO

8. Decidi vencer todos os obstáculos

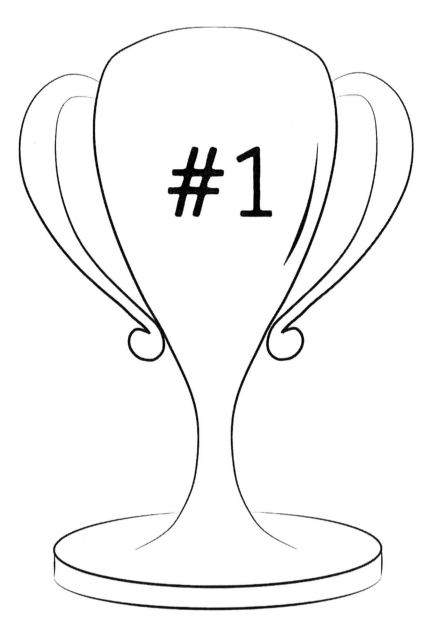

9. Tenho facilidade em criar resultados maravilhosos

AUTOSSOLUÇÃO

10. O sucesso é ser feliz

11. Caminho firme e determinado aos meus objetivos